서울 자가에 대기업 다니는
김 부장 이야기
2

차례

18화 답이 없어요 5

19화 자신이 없다 23

20화 아무 일 없이 지나가길 41

21화 정신 좀 차려! 57

22화 손을 잡아준 사람 75

23화 잘했다 91

24화 물러 터져 가지고 107

25화 숨겨둔 애인 123

26화 **잔소리값** 141

27화 **마지막 기회** 159

28화 **잘된 일인지도** 177

29화 **할 수 있는 일** 193

30화 **참 미운 형** 209

31화 **어째서일까?** 225

32화 **인생의 쓴맛** 243

33화 **그렇게 좋아?** 259

18화
답이 없어요

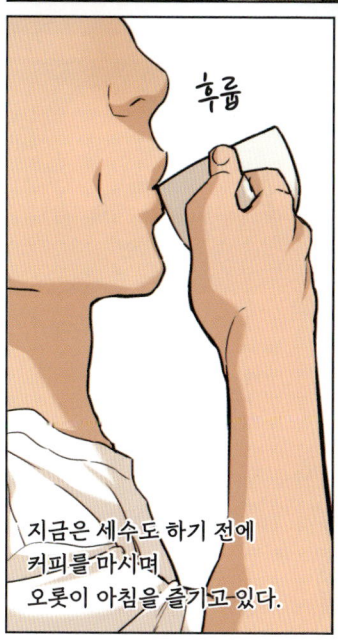

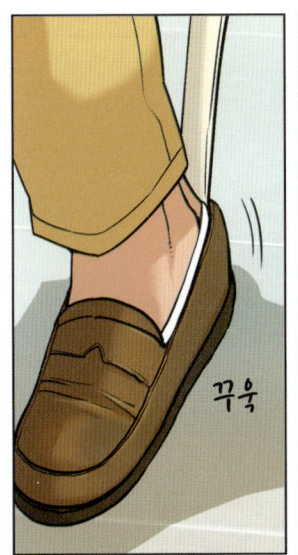

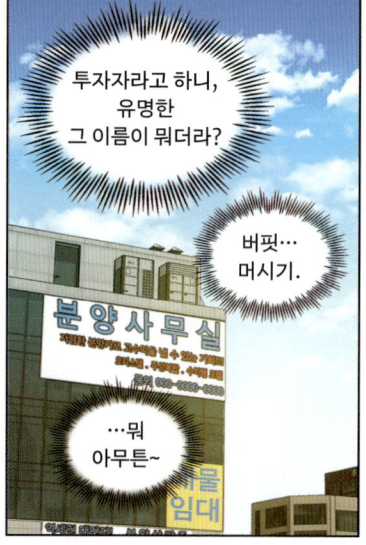

금세 한 달이 지났다.

조심
조심

하루가 멀다 하고 찾아오던 조바심도 잠시…

뭐 재밌는 거 없나?

맨 재방송 뿐이네~

삑
삑

…제법 익숙해진 오후의 여유로움이 무료해지려던 찰나였다.

후욱~

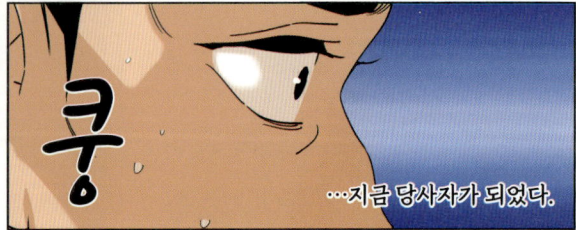

19화
자신이 없다

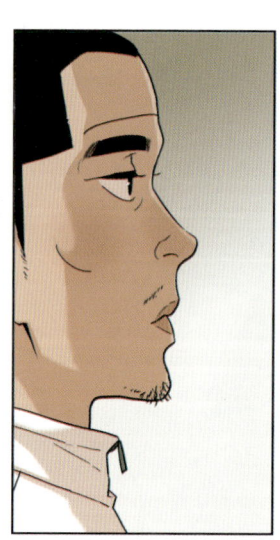

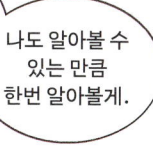

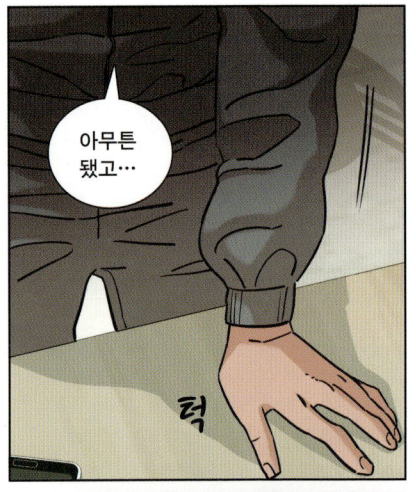

20화
아무 일 없이 지나가길

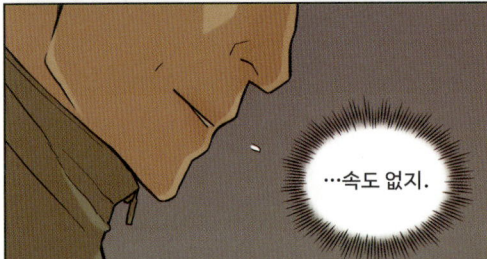

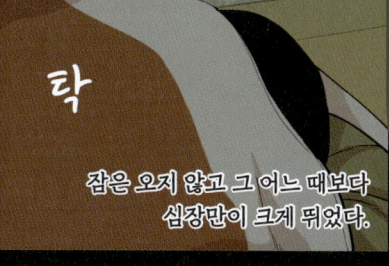
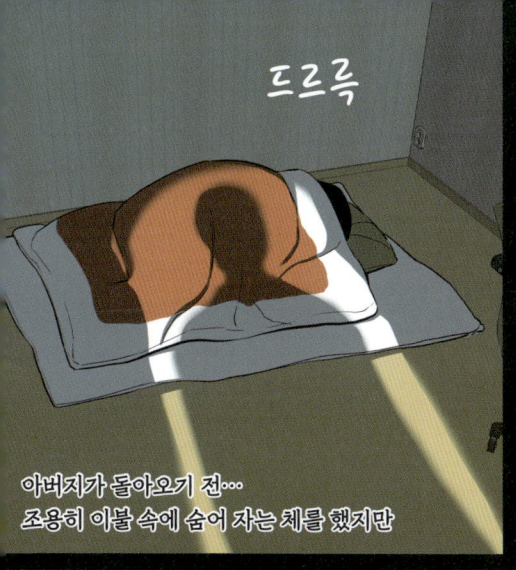

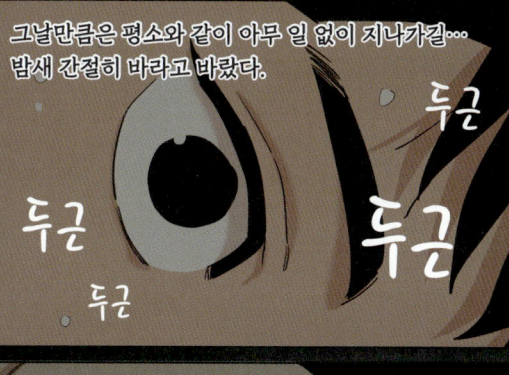
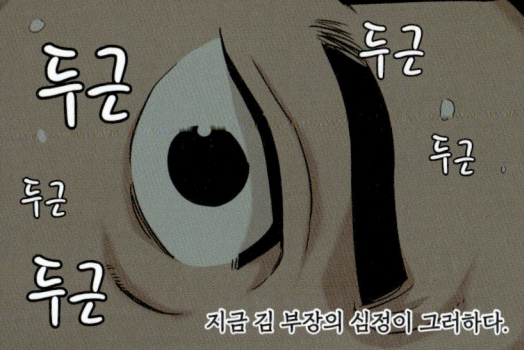

21화
정신 좀 차려!

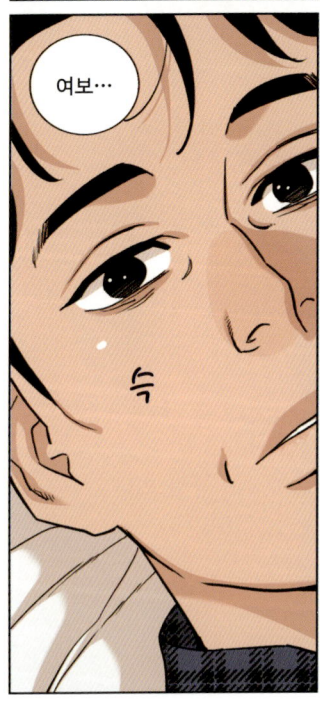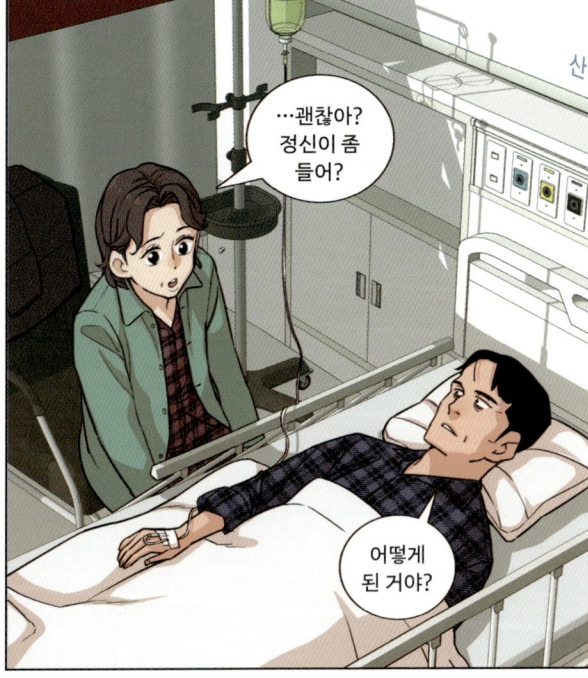

아내의 성화에 못 이겨 결국 도착한 병원.

못 미더운 의사를 만나러 가는 것도 싫지만…

…이질적인 병원의 냄새와 시선들은 참기가 힘들다.

모두의 시선이 자신에게로만 향한 것 같아 불쾌한 기분마저 든다.

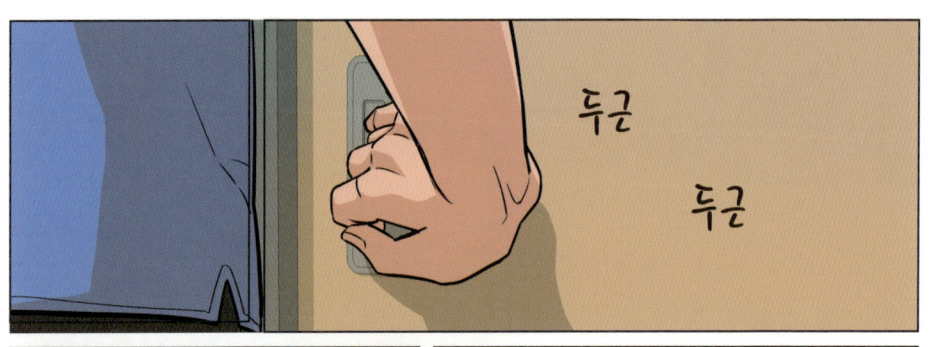

김 부장은 친절을 가장한 의사의 공감에
동요되고 싶은 생각이 없다.

유일하게 기댈 수 있는 보호자가 떠나자
어찌할 바를 모른다.

22화
손을 잡아준 사람

파란 하늘에 걸친
오색 빛 물든 단풍들과

바삭거리는 낙엽 소리.

모처럼 생각에 잠기는 김 부장과

하아
하아

저벅
저벅

그런 그를 배려라도 하듯이 아무 말도
건네지 않고 앞서가는 아들의 뒷모습.

하아
하아

30분도 채 걷지 않았는데
땀이 비 오듯 쏟아진다.

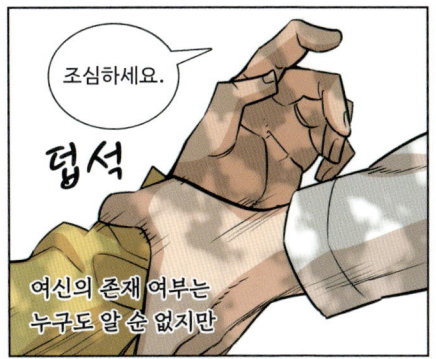

23화
잘했다

터벅

한 걸음씩 꾸준히
쌓아올린 발걸음이

하아

하아

고작 집 앞 작은 동산을
한 시간 남짓 오른 것뿐인데…

어느새 정상에 닿는다.

"우선 저번에 이야기를 나눴던 회사 얘기를 좀 더 해볼까요?"

"주변 사람들이 김 부장님을 험담하고 배신했다고 말씀하셨는데"

"그렇게 생각하시는 이유를 들어볼 수 있을까요?"

누구에게도 들어본 적이 없는 말이다.

그저 이야기를 들어주고 응원해 주는 내 편이 있을 거라고 생각해 본 적조차 없기 때문이다.

"그… 그야 제가 진급 누락 없이 승진한 몇 안 되는 사람 중 한 명이니까요."

"또 회사에서는 가장 중요한 프로젝트를 맡아서 하기도 했고…"

"그래서 김 부장님을 견제하는 사람들이 많았군요?"

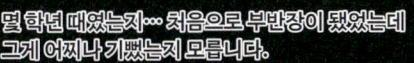

몇 학년 때였는지… 처음으로 부반장이 됐었는데
그게 어찌나 기뻤는지 모릅니다.

줄곧 반장을 하던 큰형 학교에
어머니가 떡을 맞춰 들고 가신
기억 때문인 것 같아요.

잘 부탁드립니다.
선생님.

아이고~ 뭘
이런 걸 다…

나도…

타닷

…나도
부반장이다!

타다닷

엄마!

엄마아!!

나 부반장 됐어요,
부반장이요!

반장과 압도적인 표 차이가 있었지만,
부반장이 됐다는 것만으로도
저에겐 꿈같은 일이었어요.

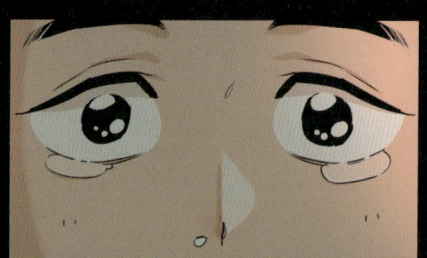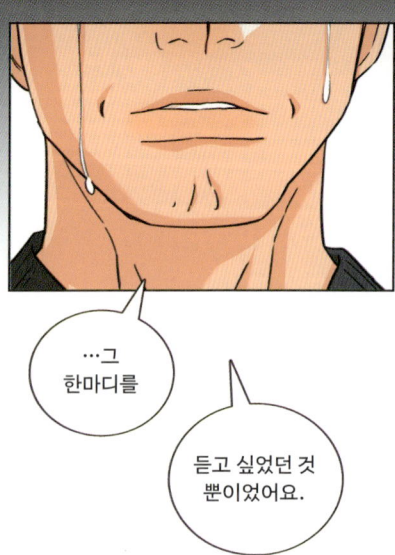

24화
물러 터져 가지고

벌컥

형!

큰형!

…없네?
어디 갔지?

씨익   씨익

그럼 범인이 누구야?

누가 내 귤 훔쳐 먹었냐고…

범인의 정체를 알게 된 그날…
결국 사달이 나고야 만다.

……

!!

반항심 때문이었는지 밤이 깊어져도
울음은 그치질 않았다.

그만 울라고 했다!

나한테 한 대 더 맞고 싶지 않으면…

아~ 어지간히 좀 울어라!!

귤 하나 가지고 진짜…

누구도 들썩이는 어깨를 토닥여주지 않았다.

하루 종일 손에 쥐고 있던 귤은 꽤나 말랑말랑해져 있었고…

…신맛보다는 단맛이 강했다.

25화
숨겨둔 애인

자신의 말에는 단 한 번도
귀 기울여주지 않았지만

부장이요.
부장, 아버지.

우리 막내 녀석이
글쎄 대기업 부장이
됐다네요?

참
용하지요?

뭐가 어찌
됐다고?

칭찬받고
싶었고…

그래,
참 용하구나.
잘했다.

…늘 인정받고
싶었다.

부장 승진 소식을 전했던 그날이
아마도 그 바람이 이루어진 순간이었다.

줄곧 부모님의 자랑이었던 큰형은
카센터를 운영하고

자신의 생각이 틀리지 않았음을
증명했다고 생각했다.

엔진 소리
이상해.
좀 봐줘.

야야~ 일단 들어와,
더운데 주스라도
한 잔 내올 테니…

아니, 전화라도
하고 오지!

전화는
무슨…

그냥
퇴근하다가
들렀어.

됐어~
주스는 무슨…

칭찬 한마디 듣지 못하던 본인이
대기업의 부장이 되었을 때

다만, 그렇게나 싫어했던
아버지의 모습을 닮은

하하

야~ 근데 너
이제 보니
아버지랑 엄청
닮았다?

말투나
목소리도
그렇고.

닮긴 누가
누굴 닮아.

발끈

해준 것이 뭐가 있다고 그리 말했을까?

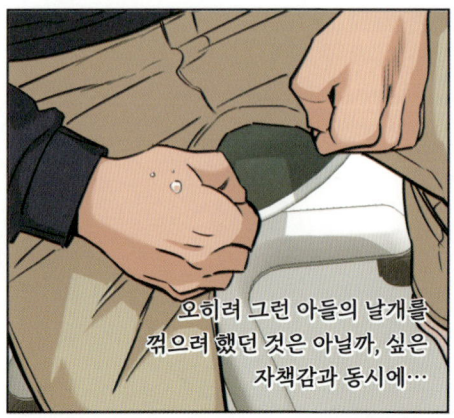

오히려 그런 아들의 날개를 꺾으려 했던 것은 아닐까, 싶은 자책감과 동시에…

…본인과 닮지 않게 키워준 아내를 향한 고마움이 가슴에 번진다.

염치도 없게 족발이 고프다.

26화
잔소리값

뼈를 때리는 불편한 말들의
연속이었지만

불평하기엔 농담만
할 줄 아는 친구 녀석의
눈빛이 제법 진지했다.

손가락질이라도 받으며
비웃음을 살 각오를 하고
꺼낸 이야기였다.

평소라면 달려 나가 만류하며
앞다투어 카드를 내미는
유치한 몸싸움을 벌일 테지만…

…못 본 척 고개를 돌린다.

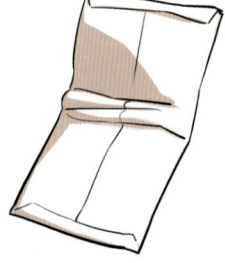

27화
마지막 기회

1시간 같은 1분의 침묵이 흐른다.

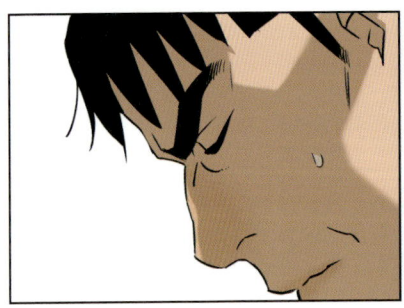

갑작스러운 비와 함께 어둠이 내리기 시작한 시간.

쳐다보기도 싫었던 그곳으로 향한다.

예전과 달라진 것이 있다면
운전대를 잡은 이가 아내라는 것.

그리고 부풀었던 기대 대신
탄식 섞인 한숨만이
차 안에 감돈다는 것 정도였다.

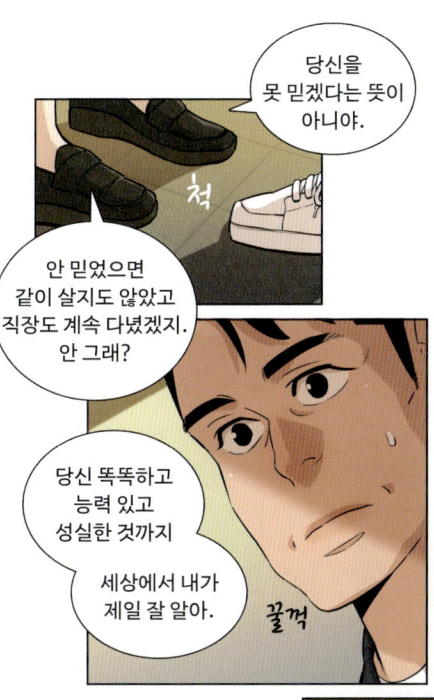

"당신을 못 믿겠다는 뜻이 아니야.

안 믿었으면 같이 살지도 않았고 직장도 계속 다녔겠지. 안 그래?

당신 똑똑하고 능력 있고 성실한 것까지 세상에서 내가 제일 잘 알아."

"그러니까…"

"…당신도 그런 나를 좀 믿어달란 소리야."

지금 이 순간, 아내가 아닌 다른 누가 그에게 이런 말을 해줄 수 있을까?

"내가 줄 수 있는 마지막 기회야.

앞으로는 당신의 고민 한마디 못 들어줄 사람으로 만들지 말아 줘."

그녀의 말대로… 그녀는 누구보다 김 부장에 대해 잘 아는 사람이다.

아마도 사기를 당했다고 역정부터 냈다면 받아치는 큰 소리를 냈을지도 모른다.

본인의 고집으로 만든 실수를 정당화하려 애썼을 것이고

부부 사이는 그렇게 흐트러졌을 것이다.

반성의 기회는 사라지고 김 부장은 그렇게 마지막 기회를 잃었을 것이다.

본인만 모르고 있었을 뿐.
그의 주변엔 항상 그의 편이 함께 있었다.

김 부장은 이제야
그 사실을 좀 아는 듯 보인다.

28화
잘된 일인지도

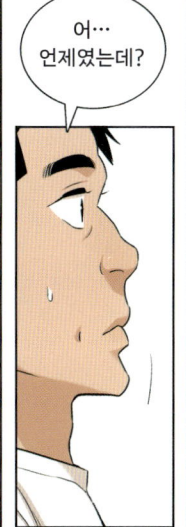

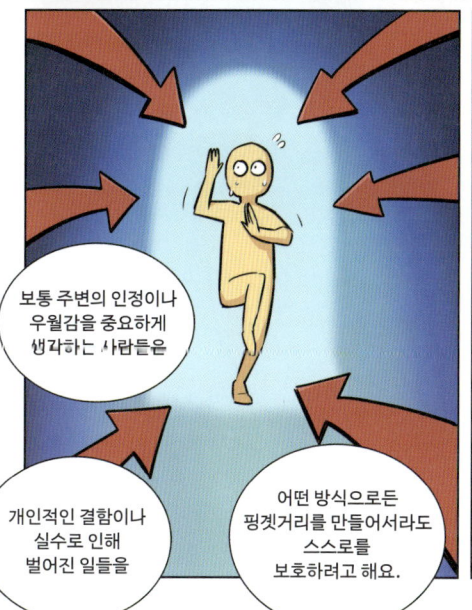

성공의 기준을 멋대로 세우고 우월감에 젖어 있던 자신을 똑바로 마주해야 한다.

하지만 그녀의 말대로, 더 나아가기 위해서는 인정하기 어려웠던 것들을 인정해야 한다.

감정에 솔직하되 스스로를 성찰하며, 무엇이 진짜 중요한지 고민해 보아야 한다.

가끔 시험 망칠 때도 있잖아요?

…?

29화
할 수 있는 일

한 번도 입에 담아보지 못했던
그 말들을 용기 내어 전하러 왔다.

그토록 듣고 싶었던 말을
정작 본인이 전하고 나니

공허했던 마음이
조금은 채워지는 기분이 들었다.

아내가 직장에서 인정받으며 업무량이 늘어난 탓도 있지만

지금은 어엿이 가장의 역할도 해야 하기에 출근 시간이 꽤나 앞당겨졌다.

아들이 쓰던 방을 공부방으로 삼아 공인중개사 공부를 시작했다.

아내의 권유로 시작했지만, 공부하던 버릇이 남아서인지

꽤 재미도 있고 무엇보다 자신감도 생기는…

젠장, 이게 뭐더라?

또 까먹었네. 어제 외운 건데…

아… 아닌가?

아무튼 그렇게 변화된 일상에 맞춰가며 새해를 맞이하던 어느 날이다.

사실, 아내 몰래 이력서를 넣은 곳들 중에 연락이 온 곳은 한 곳도 없었다.

30화
참 미운 형

김 부장은 배우고 싶은 마음이 없다.

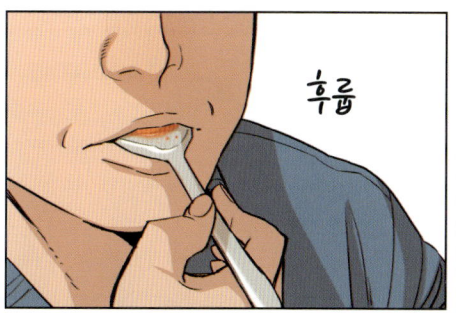

직원들은 하나같이 인상이 좋고 사교성도 좋아 보인다.

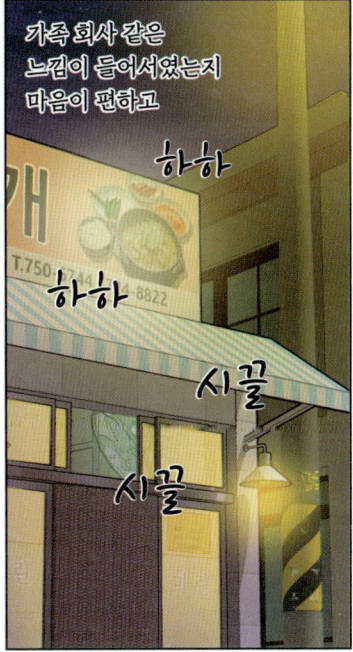

주관적 기억 속에서
빠져 있던 몇 가지 퍼즐들이
맞춰지면서

품고 있던 마음속 응어리들이 풀려나간다.

그때 그 시절,
형에게 진즉
사과를 받았더라면

어머니가 맞춘 떡을
제사상에 쓰지 않았더라면
그는 다른 삶을 살았을까?

그것은 결국 누구도 알 수 없는 일이다.

31화
어째서일까?

형의 제안을 수락한다면 평생 세차장 주인이 되는 건 아닐까 고민된다.

어차피 가게에 세차용품 다 있고

패널만 세차장처럼 꾸미고 대기실 정도만 만들면 되잖아.

더 필요한 건 내가 지원해 줄 테니까 한번 해봐.

그... 글쎄?

...한번 고민해 볼게.

고민될 때는 물어봐야 한다는 사실을 이제 그는 알고 있다.

마침 적당히 꼬질해진
본인의 차를
타깃으로 삼는다.

세차가 뭐 별거라고
연습까지 하겠냐
싶겠지만

거의 해본 일이 없던
그에게는 그마저도
생각보다 힘든 일이었다.

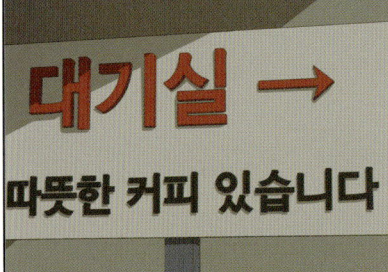

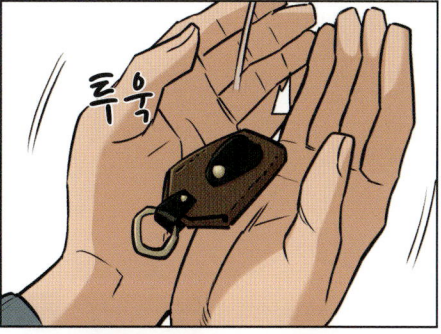

32화
인생의 쓴맛

급하게 세차를 마치고
주차하는 과정에서 저도 모르게
기름을 묻힌 모양이었다.

…로 시작해서 저 역시 언성을 높이려던 차였다.

어린 시절, 집에서 그렇게나 기세등등했던 형의 모습은 그의 오랜 기억 속에만 존재하고 있는 것 같다.

성별, 직업, 나이, 학벌,
소득 상관없이
그에겐 감사한 고객이라는 것.

수입 차든 국산 차든 그에게는
다 똑같은 자동차라는 것.

일은 적성이 아니라 적응이라고 했던가?

운명의 선택과 책임은
본인에게 있다는
그 쉽고 간단한 진리를
이제는 깨우쳤으니 말이다.

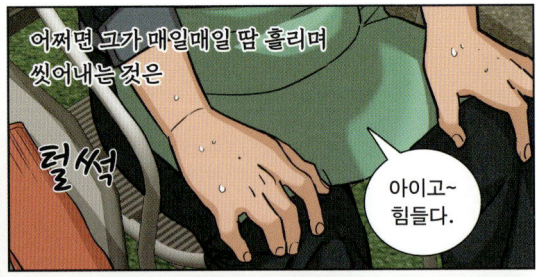

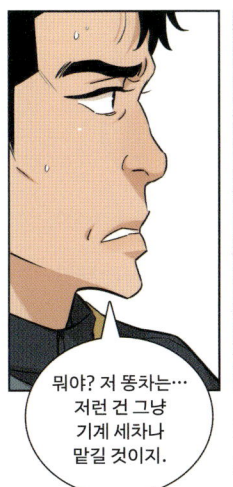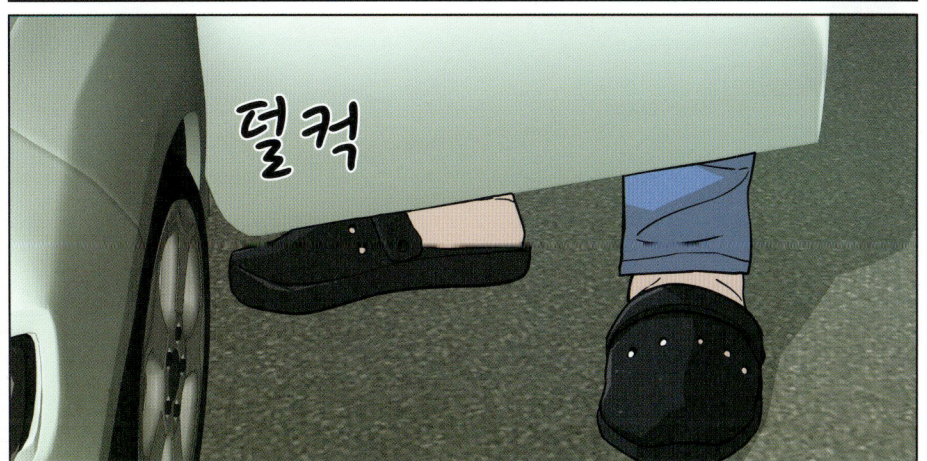

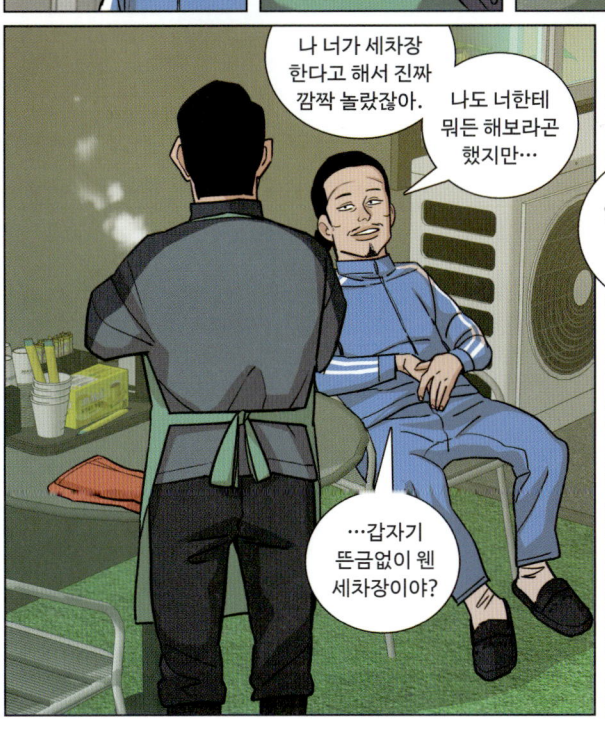

33화
그렇게 좋아?

비가 오면 잠시 비를 피하고
눈이 오면 눈을 맞으며 걷는 것이다.

얼마 전까지만 해도
자신이 했던 고민을 아내 역시…

…그것도 이미 오래전에 해왔다는 사실에
그는 마냥 웃을 수가 없었다.

서울 자가에 대기업 다니는
김 부장 이야기 2

초판 1쇄 발행 2025년 4월 11일
초판 2쇄 발행 2025년 10월 2일

글 명랑 **그림** 김병관 **원작** 송희구
펴낸이 김선식

부사장 김은영
콘텐츠사업본부장 임보윤
책임편집 여소연 **디자인** 서옥 **책임마케터** 이현주
콘텐츠사업1팀장 한다혜 **콘텐츠사업1팀** 윤유정, 문주연, 조은서, 여소연
마케팅2팀 이고은, 지석배, 최민경, 이현주
미디어홍보본부장 정명찬 **브랜드홍보팀** 오수미, 서가을, 김은지, 박장미, 박주현
채널홍보팀 김민정, 정세림, 고나연, 변승주, 홍수경
영상홍보팀 이수인, 염아라, 이지연
편집관리팀 조세현, 김호주, 백설희 **저작권팀** 성민경, 이슬, 윤제희
재무관리팀 하미선, 임혜정, 이슬기, 김주영, 오지수
인사총무팀 강미숙, 이정환, 김혜진, 황종원
제작관리팀 이소현, 김소영, 김진경, 이지우, 황인우
물류관리팀 김형기, 김선진, 주정훈, 양문현, 채원석, 박재연, 이준희, 이민운

펴낸곳 다산북스 **출판등록** 2005년 12월 23일 제313-2005-00277호
주소 경기도 파주시 회동길 490 다산북스 파주사옥
전화 02-704-1724 **팩스** 02-703-2219 **이메일** dasanbooks@dasanbooks.com
홈페이지 www.dasan.group **블로그** blog.naver.com/dasan_books
용지 스마일몬스터 **인쇄** (주)상지사피앤비 **코팅·후가공** 제이오엘엔피 **제본** (주)상지사피앤비

ISBN 979-11-306-6432-3 (04190)

· 책값은 뒤표지에 있습니다.
· 파본은 구입하신 서점에서 교환해드립니다.
· 이 책은 저작권법에 의하여 보호를 받는 저작물이므로 무단 전재와 복제를 금합니다.

다산북스(DASANBOOKS)는 책에 관한 독자 여러분의 아이디어와 원고를 기쁜 마음으로 기다리고 있습니다.
출간을 원하는 분은 다산북스 홈페이지 '원고 투고' 항목에 출간 기획서와 원고 샘플 등을 보내주세요.
머뭇거리지 말고 문을 두드리세요.